EDICT DV ROY,

PORTANT SVPPRESSION

des Offices de Commiſſaires triennaux des Tailles, & des douze deniers pour liure à eux attribuez, ET reſtabliſſement des fonctions deſdits Commiſſaires ancien & alternatif: AVEC creation en heredité d'vn Office de Controlleur en chacune Paroiſſe, pour aſſiſter annuellement à l'aſſiete deſdites Tailles, & tenir Regiſtre & Controlle des Taxes; ET attribution auſdits Controlleurs de quatre deniers pour liure, & d'autres quatre deniers par augmentation de droict aux Controlleurs du Regalement: De deux deniers aux Receueurs Collecteurs des droicts alienez, Et de deux autres aux Officiers & Controlleurs des Greffes des Bureaux des Treſoriers de France & des Elections.

Verifié en la Cour des Aydes le dix-ſeptiéme iour d'Aouſt mil ſix cens trente-deux.

A PARIS,

Par A. ESTIENE, P. METTAYER & C. PREVOST,
Imprimeurs ordinaires du Roy.

M. DC. XXXIII.
Auec Priuilege de ſa Maieſté.

OVIS par la grace de Dieu Roy de
France & de Nauarre, A tous presens
& à venir, Salut. Encores que depuis
quelques années les dépenses neces-
saires pour l'entretenemét des armées
que nous auons esté contraints tenir
sus pied tant dedans que dehors nostre Royaume, nous
ayent à nostre grand regret obligez d'aliener plusieurs
droicts sur nos Tailles & Gabelles: Si est-ce que nous
n'auós pas tant consideré le secours que nous en pou-
uions retirer, que l'establissement d'aucuns Officiers
dans les Villes & Paroisses de nos Elections, par le
moyen desquels, les abus, maluersations & inegalitez
qui se commettent en l'imposition & leuée de nos
Tailles, par l'authorité que les riches & aisez des Paroisses prennent sur les foibles & impuissans, se peus-
sent corriger. Et dautant que les Asseeurs & Collecteurs ne sçauent la pluspart lire ny écrire, & souuent
ont fait plaintes que les taxes par eux faites, estoient
diminuées ou augmentées par les Commissaires des
Tailles tenans la plume, Nous auons par nostre Edict
du mois de Ianuier mil six cens vingt-neuf, deschargé
lesdits Commissaires de la confection desdits Rolles
des Tailles, & fournitures du bois, feu & chandelle,&
accordé la liberté ausdits Asseeurs, de s'assembler en
la maison de l'vn d'eux, pour proceder en leurs loyau-
tez & consciences au departement & assiete du principal de la Taille, & en porter la minute au Greffier
des Rolles creé par ledit Edict, pour estre par luy gros-
soyé. Mais il auroit esté depuis recognu, que tant s'en
faut qu'ils receussent du soulagement de ceste liberté,
qu'au contraire elle les constituoit en de grandes des-
penses: Et que faute d'intelligence & d'estre pratiqz
au faict de ladite assiete & calcul d'icelle, ils estoient

A ij

trois & quatre iours dans vn cabaret, à faire ce qu'vn
Officier intelligent pouuoit faire en demy iour : Outre que lefdits Greffiers des Rolles, obligez par l'Edict
de leur creation à taxer au fol la liure fur ledit principal de la Taille, la Creuë des Garnifons & autres extrordinaires, ne fçauroient expedier dans le premier
ou fecond mois du premier quartier de l'année, comme il eft requis, tous les Rolles des Paroiffes de leur
Election : Et à cefte caufe font faire plufieurs voyages
inutils & defpenfes aufdits Affeeurs, la plufpart defquels, depuis la creatió defdits Greffiers, ont efté contraints, pour éuiter lefdits voyages, faire faire lefdits
Rolles à leurs frais : toutes lefquelles defpenfes, outre
les autres furcharges que lefdits Affeeurs Collecteurs
ont à fupporter pour la leuée de nos deniers, font fuir
la charge aux habitans des Paroiffes, qu'ils n'acceptent
qu'apres y auoir efté condamnez, d'où s'enfuit le retardement de nos deniers, & les non-valeurs qui arri-
uent iournellement. Ce que nous ayant efté cy-deuant
reprefenté en noftre Confeil, Nous auons par noftre
Edict du mois de Feburier de l'année derniere, creé &
eftably en chacune Paroiffe vn Controlleur du regalement des Tailles, & prefcrit l'ordre que nous voulons eftre fuiuy en l'affiete & impofitió d'icelles : Nous
auons auffi creé par autre noftre Edict du mois de Ianuier de ladite année, vn Commiffaire triennal des Tailles, auec attribution de douze deniers pour liure, à
prendre fur les Tailles ordinaires & extrordinaires,
& tout le contenu aux Rolles. Et combien qu'il nous
fuft tres-important d'eftre promptement fecouru des
deniers qui deuoient prouenir de l'execution dudit
Edict, nous l'aurions neantmoins fait furfeoir, fur l'aduis que nous auons depuis receu, que ladite creation
n'eftoit neceffaire, & qu'il feroit à propos de fuppri-
mer ledit Office & les douze deniers y attribuez, Et
au lieu d'iceluy, creer & eftablir vn Controlleur pour

5

tenir regiftre & controlle des taxes qui feroient écrites fous les Affeeurs par le Commiffaire des Tailles
premier ou fecond en exercice, en la prefence du Controlleur au regalement, afin qu'elles ne peuffent eftre
changées, augmentées ou diminuées: Et eftant l'affiete
faite par cét ordre, l'egalité pouuoit eftre obferuée,
lefdits Affeeurs liberez de defpenfes, fans plaintes ny
apprehenfion que leurs aduis n'ayent efté fuiuis. Auquel Contrlleur nous pourrions attribuer partie defdits douze deniers pour liure, autre partie aufdits
Controlleurs du regalement, & le furplus à autres
Officiers dont les fonctions font neceffaires: En quoy
faifant nous pourrions retirer le mefme fecours que
nous euffions peu efperer de l'execution dudit Edict,
fans nouuelle charge à nos fubjets ny à nos finances.
Ce qu'ayans mis en deliberation en noftre Confeil,
en la prefence d'aucuns Princes de noftre Sang, Officiers de noftre Couronne, & autres grands & notables
perfonnages: Novs de leur Aduis, & de noftre cer-
taine fcience, pleine puiffance & authorité Royale,
Avons par le prefent Edict perpetuel & irreuocable,
fupprimé & fupprimons lefdits Offices de Commiffaires triennaux des Tailles creez par noftredit Edict
du mois de Feburier 1631. & les douze deniers pour liure à eux attribuez fur les Tailles ordinaires & extrordinaires, & tout le contenu aux Rolles, fans que
cy apres ils puiffent eftre reftablis pour quelque caufe
& occafió que ce foit: Et par ledit prefent Edict, nous
auons creé, erigé & eftably, creons, erigeons & efta-
bliffons en chef & tiltre d'office formé & hereditaire,
vn Controlleur en chacune Paroiffe, pour affifter annuellement à l'affiete des Tailles, & tenir Regiftre &
Controlle des Taxes qui feront écrites par les Commiffaires des Tailles, premier ou fecond en exercice:
les fonctions defquels Commiffaires, nous auons à
cefte fin reftablies & reftabliffons, pour exercer par

A iij

eux lefdits Offices alternatiuement, affifter à ladite affiete, écrire les taxes du principal de la Taille fous lefdits Affeeurs en la prefence du Controlleur au regalement, & à cet effet fe tranfporter en fa maifon ou en
tel autre lieu de la Paroiffe qu'il aduifera : & l'affiete
arreftée, voulons que la minute écrite par ledit Commiffaire des Tailles, foit collationnee fur le controlle
dudit Controlleur, & à l'inftant fans diuertir, le tout
paraphé à chacun fueillet, & figné en fin defdirs Controlleur au regalement, Commiffaire des Tailles, Controlleur prefentement creé, & defdits Affeeurs qui
fçauront figner. Et outre fera ledit Commiffaire des
Tailles, en la prefence dudit Controlleur au regalement & dudit Controlleur prefentement creé, les af-
fietes de la Creuë des Garnifons & autres Creües extrordinaires au fol la liure fur ledit principal de la Taille, qui feront fignées & paraphées de leurs mains comme deffus. Et s'il y a quelques ratures és minutes, elles
feront approuuées en fin de chacun fueillet, tant par
les Affeeurs Collecteurs, que par les Officiers fufdits,
afin qu'il n'y puiffe eftre rien changé, alteré ou innoué.
Lefquelles minutes feront portées ou enuoyées à l'inftant qu'elles feront arreftées à la diligence dudit Controlleur au regalement du fon Commis, au Greffier
des Rolles en exercice, pour en expedier les groffes in-
ceffamment, les faire verifier par les Eleus, & les en-
uoyer aufdits Affeeurs & Collecteurs pour vaquer à la
collecte de nos deniers, à peine d'eftre refponfables du
retardement d'iceux en leurs propres & priuez noms,
& de priuation de leurs droicts. Auquel Controlleur
prefentement creé, nous attribuons quatre deniers
pour liure, faifans partie des douze deniers attribuez
aufdits Commiffaires triennaux prefentement fuppri-
mez, & les mefmes priuileges & exemptions de la collecte des Tailles, de l'impoft du Sel, de tutelle & cura-
telle & Commiffaires aux biens faifis, & logemens de

Gens de guerre, attribuez aufdits Commiffaires des
Tailles par les Edicts de leur creation des mois de
Nouembre 1616. Ianuier 1621. & May 1624 defquels
lefdits Commiffaires iouïront paifiblement à l'aduenir comme ils faifoient auparauant ladite année 1629.
& fans que lefdits Controlleurs prefentement creez,
puiffent eftre augmentez à nos Tailles ny à l'impoft
du Sel és lieux où ledit impoft a lieu, à plus grandes
fommes que celles où ils fe trouueront taxez lors de
l'acquifition defdits Offices. Quatre deniers par augmentation de droict, aufdits Controlleurs du regalement des Tailles creez par ledit Edict du mois de Feburier 1631. outre les huict deniers à eux attribuez par
ledit Edict, pour faire iufques à douze deniers pour
liure pour chacun Office qui fera eftably en chacune
Paroiffe. Deux deniers auffi par augmentation de
droict, aux Receueurs Collecteurs des droicts alienez
fur nos Tailles, ancien, alternatif & triennal, creez par
noftre Edict du mois de Decembre 1629. afçauoir vn
denier chacun en l'année d'exercice, & demy denier
auffi chacun en l'année hors d'exercice, outre les trois
deniers à eux attribuez fur nos Tailles, & fix deniers
fur les droicts des particuliers dont ils font la recepte,
& autres droicts dont ils iouïffent tant en vertu dudit
Edict de creation, que par autres nos Edicts, Declara-
tions & Arrefts donnez en confequence. Aufquels
droicts nous les auons maintenus & confirmez, pour
en iouïr tant fur le pied des impofitiós qui fe faifoient
lors de leurs acquifitions, que de l'augmentation d'i-
celles, à caufe des droicts par nous depuis alienez. Vn
denier pour liure, fçauoir demy denier aux Greffiers
& Maiftres Clercs des Bureaux des Treforiers de France, & den y denier aux Controlleurs des actes & expeditions des Greffes defdits Bureaux, creez par Edict du
mois de Iuin 1627. des deniers impofez en l'eftenduë
de la Generalité de leur eftabliffemét. Vn denier auffi

pour liure aux Controlleurs des actes & expeditions des Greffes des Elections creez par ledit Edict, des deniers imposez en l'estenduë desdites Elections, outre le tiers de tous les droicts & émolumens que prennent & perçoiuent les Greffiers & Maistres Clercs desdits Bureaux & Elections, à eux ordonnez & attribuez par les Edicts, Arrests & Reglemens sur ce faits sans exception. Et lesquels Offices de Controlleurs des actes & expeditions des Greffes desdits Bureaux & Elections, Nous auons entant que besoin seroit, en consequence de nostredit Edict du mois de Iuin 1627. de nouueau creez & erigez, pour en iouïr par les acquereurs d'iceux hereditairement, eux, leurs vefues, successeurs & ayans cause, ausdits droicts, Sçauoir ceux desdits Bureaux, de demy denier pour liure des deniers imposez en l'estenduë de la Generalité de leur establissement: & ceux desdites Elections, d'vn denier pour liure des deniers aussi imposez en l'estenduë de l'Election où ils seront establis, auec le tiers des émolumens ordonnez & attribuez ausdits Greffiers des Bureaux & Electiós par les Edicts, Arrests & Reglemens sur ce faits, mesmes ausdits Greffiers des Bureaux, par le Reglement arresté en nostre Conseil le 6. iour d'Octobre dernier, pour toutes les expeditions, ordonnances, iugemens, presentatiens, affirmations, & autres actes qui s'expedieront ausdits Greffes pour quelque cause ou occasion que ce soit, sans exception, & aux mesmes priuileges & exemptions dont iouïssent lesdits Greffiers des Bureaux & Greffiers anciens tenans la plume esdites Elections. A prendre tous lesdits droicts cy dessus specifiez, reuenans à pareil droict de douze deniers pour liure attribuez ausdits Commissaires triennaux des Tailles supprimez sur le principal de la Taille, Taillon, Solde du Preuost des Mareschaux, Garnisons, droicts alienez, frais d'assietes, & generalement sur tout le contenu aux Rolles ordinai-

: tes & extrordinaires des Paroisses, mesmes des impositions & leuées qui se feront au commencement &
courant de l'année pour lesdites Villes, Communautez ou particuliers, & pour quelque autre cause & occasion que ce soit. Lesquels droicts nous voulôs estre
employez d'oresnauant par chacun an en nos Commissions, au lieu desdits douze deniers pour liure attribuez ausdits Commissaires triennaux des Tailles
supprimez, ainsi & en la mesme forme & maniere que
s'imposent & leuent les autres droicts alienez sur nos
Tailles. Et pour l'année presente, lesdits douze deniers imposez pour lesdits Commissaires, demeure-
ront destinez pour le payement des droicts cy-dessus,
à commencer du premier iour de Iannier dernier, & à
l'aduenir retranchez de nosdites Commissions. Et seront les susdits droicts payez par les Asseeurs & Collecteurs des Paroisses aux Acquereurs desdits Offices,
leurs Commis, Fermiers & Procureurs, de quartier
en quartier, par leurs simples quittances, à quoy faire
ils seront contraints comme pour nos deniers & affaires, concurremment & aux mesmes termes d'iceux,
en vertu des contraintes qui pourront estre decernées
par lesdits Acquereurs, leursdits Commis, Fermiers
& Procureurs. ET afin de liberer nosdits Subjets des
voyages inutils & dépenses qu'ils font au courant de
l'année, du lieu de leur demeure és Villes où nos Elections en chef sont establies, pour la solicitation &
poursuite des Lettres d'assiete, & Attache des Tresoriers de France qu'il leur conuient obtenir pour les
impositions & leuées de deniers dont ils ont besoin
pour employer à l'acquit de leurs debtes & autres dépenses, ce qui les diuertit entierement de leur trauail
& labeur ordinaire : Afin de n'obmettre rien de tout
ce que nous estimons necessaire pour leur soulagement, Nous voulôs que lesdits Controlleurs des Actes
& expeditions des Greffes des Elections poursuiuent

priuatiuement à tous autres, les expeditions des Lettres d'assiete, Attaches des Tresoriers de France &
mandemens des Eleus, pour les impositions & leuées
de deniers qui seront ordonnez sur lesdites Villes, Paroisses & Communautez, soit pour acquit de leur
debtes, estapes, munitiós, leuées de pionniers, cheuaux
d'artillerie, dépenses de procés, frais de Procureurs,
Syndics, ou pour quelque autre cause & occasion que
ce soit, concernans leurs affaires particulieres Pour le
salaire & vacation desquels, pour toutes poursuites &
solicitation desdites Lettres d'assiete, Attaches & mandemens desdits Eleus, nous leur attribuons six liures
pour chacune Lettre d'assiete de trois cens liures & au
dessus : & soixante sols pour celles au dessous desdits
trois cens liures, moyennant laquelle attribution ils
seront tenus tenir Registres de toutes les Lettres d assiete qui seront expediées par chacune année sur lesdites Villes, Paroisses & Communautez, & de la cause
sommaire desdites impositions, pour y auoir recours
quand besoin sera. Lesquels salaires cy dessus, auec ce
qu'il conuiendra fournir pour ladite obtention, seront
employez aux mandemens desdits Eleus qui seront
expediez sur lesdites Lettres d'assiete en la maniere ac-
coustumée. Tous lesquels Offices de Contrólleurs
presentement creez, & Controlleurs au regalement
des Tailles nous voulons estre vendus & adiugez auec
lesdits droicts, par les Commissaires qui seront par
nous ordonnez ou leurs Subdeleguez, & les Adiudicataires d'iceux, leurs vefues, heritiers & ayans cause,
en iouïr hereditairement comme dit est, en vertu des
Contracts de vente qui leur en seront faits & passez
par lesdits Commissaires sur les quittances du Treso-
rier de nos Parties Casuelles, sans que lesdits Acquereurs soient tenus prendre de nous autres Lettres de
prouision ou ratification, ny payer cy apres aucun supplément de finance, prendre augmentation de droicts,

ny estre lesdits Offices reuendus de dix années, ou de-
possedez apres ledit temps, sinon en les remboursant
de leur finance, frais & loyaux cousts à vn seul payement, & sans que lesdits Offices & droicts puissent
estre reduits à rente pour quelque cause & occasion
que ce soit, ny le reuenu d'iceux diminué de ce à quoy
il se trouuera monter & reuenir en l'année presente
1632. que nous voulons à l'aduenir estre tousiours im-
posé sur mesme pied, encores que nous venions cy-
apres à diminuer nos Tailles. Eт pour le regard des
Greffiers des Bureaux, & Receueurs Collecteurs des
droicts alienez, Novs voulons que les Proprietaires
d'iceux soient maintenus en la iouïssance de leursdits
Offices & droicts, mesmes lesdits Greffiers des Bureaux en la perception des droicts que nous leur auós
accordez par ledit Reglement arresté en nostredit
Conseil le 6. iour d'Octobre dernier, esquels nous les
auons maintenus & confirmez, maintenons & confir-
mons, sans qu'ils puissent à l'aduenir estre retranchez
pour quelque cause & occasion que ce soit, ny en sem-
blable les six deniers attribuez ausdits Receueurs Collecteurs des droicts alienez, à prendre sur les Proprietaires desdits droicts, ny estre lesdits Greffiers ou Receueurs Collecteurs tenus payer aucun supplément
de finance pour lesdites attributions, en payant par
eux en nosdites Parties Casuelles, vn mois apres la si-
gnification qui leur sera faite à leurs personnes ou do-
miciles, ou aux Greffes desdites Iurisdictions, les som-
mes ausquelles ils seront taxez en nostredit Conseil,
Sçauoir lesdits Greffiers des Bureaux & leursdits Maistres Clercs, pour iouïr dudit demy denier pour liure,
sur les deniers imposez en leurs Generalitez : & lesdits
Receueurs Collecteurs, desdits deux deniers pour liure sur les deniers imposez en leur Election. Permet-
tons pareillement ausdits Greffiers des Bureaux &
Elections conformément à nostredit Edict du mois de

Iuin 1627. d'acquerir & vnir à leurs Offices lefdits Offices de Controlleurs des Actes & expeditiõs de leur Greffes, en payant les fommes aufquelles ils feront pareillement taxez en noftredit Confeil, pour iouïr des attributions cy deffus par nous prefentement faites aufdits Officiers, dans ledit temps d'vn mois apres la fignification defdites taxes. Autrement & à defaut de ce faire dans ledit temps & iceluy paffé, N o v s voulons qu'il foit procedé à la vente defdits Offices de Controlleurs des Actes & expeditions des Greffes defdits Bureaux & Electiõs, & Receueurs Collecteurs des droicts alienez, auec les attributions deffus dites, pour en iouïr hereditairement par les nouueaux Acquereurs, comme dit eft: & les Proprietaires defdits Greffes des Bureaux & Elections, & Receueurs Collecteurs des droicts alienez depoffedez defdits Offices par lefdits nouueaux Adiudicataires, ou ceux qui payeront lefdites taxes en leur lieu, en les rembourfant de la finance par eux payée pour l'acquifition d'iceux, loyaux coufts, frais & mifes, felon la liquidation qui en fera faite par lefdits Commiffaires. P E R M E T-T o n s à toutes perfonnes d'acquerir lefdits Offices de Controlleurs au regalement, & Controlleurs des Commiffaires des Tailles prefentement creez, par vne ou plufieurs Paroiffes, ou par Elections entieres, Enfemble les autres Offices cy-deffus, à faute de payer par lefdits Proprietaires lefdites taxes, pour iceux exercer ou les faire tenir, exercer & affermer ainfi que bon leur femblera, à la charge de répondre ciuilement de leurs Commis ou Fermiers. Lefquels Commis ou Fermiers iouïront des mefmes priuileges que les Titulaires defdits Offices, pourueu toutefois que le Titulaire & Fermier ne iouïffent enfemble que d'vn feul priuilege. Et dautant qu'en vertu de nofdits Edicts des mois de Iuin 1627. & Feburier 1631. il a efté procedé à la vente d'aucuns defdits Offices de Controlleurs

des Actes & expeditions des Greffes des Elections, &
Controlleurs au regalement des Tailles, noſtre inten-
tion eſtant qu'ils iouïſſent à l'aduenir coniointement
auec leurs droicts anciens, des augmentatiós & droits
à eux preſentement attribuez, Nous voulons que leſdits Offices ſoient reuendus auec leſdits nouueaux
droicts : & les precedens Acquereurs rembourſez par
les nouueaux Adiudicataires, de leur finance, frais &
loyaux couſts raiſonnables, qui leur tiendra lieu de finance ſuiuant la liquidation qui en ſera faite par leſdits Commiſſaires. Promettans en foy & parole de
Roy, auoir pour agreable, tenir ferme & ſtable à toujours ce qui ſera fait & ordonné par leſdits Commiſſaires en vertu des preſentes. SI DONNONS EN MAN-
DEMENT à nos amez & feaux Conſeiliers les Gens tenans noſtre Cour des Aydes de Paris, Preſidens & Treſoriers Generaux de France des Generalitez qu'il ap-
partiendra, de faire chacun endroit ſoy regiſtrer &
executer le preſent Edict purement & ſimplement, &
le contenu en iceluy garder & obſeruer de poinct en
poinct ſelon ſa forme & teneur, ſans permettre ny
ſouffrir qu'il y ſoit contreuenu en aucune maniere,
nonobſtant oppoſitiós ou appellations quelconques,
deſquelles ſi aucunes interuiennent, nous auons rete-
nu la cognoiſſance en noſtredit Conſeil, icelle inter-
dite & defenduë à tous autres Iuges. CAR tel eſt noſtre plaiſir. Et afin que ce ſoit choſe ferme & ſtable à
toujours, nous auons fait mettre noſtre ſeel à ces preſentes, ſauf en autres choſes noſtre droict & l'autruy
en toutes. DONNE' à Paris au mois d'Aouſt, l'an de
grace mil ſix cens trente-deux, & de noſtre regne le
vingt-troiſiéme. Signé, LOVIS, Et plus bas, Par le
Roy, DE LOMENIE, & ſeellé ſur lacs de ſoye rouge
& verte du grand ſeau en cire verte. Et encor eſt
écrit :

Regiſtré en la Cour des Aydes, oüy le Procureur General

du Roy, du tres-expres commandement de sa Maiesté, &
par elle reiteré de sa bouche, pour estre executé selon sa for-
me & teneur, suiuant & aux charges portées par l'Arre-
ce iourd'huy donné les Chambres assemblées. A Paris e
ladite Cour le dix-septiéme iour d'Aoust mil six cens trente
deux. Signé, BOVCHER.

Extraict des Registres de la Cour des Aydes.

VEV par la Cour les Chambres assemblées, les
Lettres Patentes du Roy en forme d'Edict, don-
nées à Paris au mois d'Aoust 1632. signées, LOVIS, &
plus bas, Par le Roy, DE LOMENIE, & seellées du
grand Seel de cire verte sur lacs de soye rouge & verte, par lesquelles & pour les causes y contenuës, sa Majesté veut & ordonne que les Offices de Commissaires
triennaux des Tailles creez par Edict du mois de Feburier 1631. soient supprimez, ensemble les douze deniers pour liure à eux attribuez, à prendre sur les Tailles ordinaires & extrordinaires, & tout le contenu és
Rolles, sans que cy apres ils puissent estre restablis
pour quelque occasion que ce soit : & au lieu d'iceux
auroit creé & erigé en tiltre d'Office vn Controlleur en chacune Paroisse, pour assister annuellement à
l'assiete & departemét des Tailles, & tenir Registre &
Controlle des taxes qui seront écrites par les Commissaires des Tailles : auquel Controlleur auroit esté attri-
bué par ladite Majesté quatre deniers pour liure, fai-
sant partie des douze deniers attribuez cy deuant aufdits Commissaires triennaux des Tailles supprimez,
ensemble les mesmes priuileges & exemptions de la
collecte des Tailles, de l'impost du Sel, des Tutelles &
Curatelles, & décharge de Commissaires aux biens sai-
sis & Logemens des Gens de guerre, attribuez ausdits
Offices de Commissaires des Tailles par les Edicts de

_:leur creation des mois de Nouembre 1616. Ianuier
1621.& May 1624. mesmes auroit sadite Majesté attri-
bué quatre deniers pour augmentation de droict aux
Controlleurs du regalem̄ ét des Tailles creez par Edict
du mois de Feburier 1631. outre les huict deniers à eux
attribuez par ledit Edict: & deux deniers par augmentation de droict aux Receueurs & Collecteurs des
droicts alienez sur les Tailles, anc•é, alternatif & triennal, creez par Edict du mois de Decembre 1629. aſça-
uoir vn denier chacun en l'année d'exercice, & demy
denier auſſi chacun en l'année hors d'exercice, outre
les autres droicts à eux attribuez, pour en iouïr tant
sur le pied des impoſitions qui ſe faiſoiét lors de leurs
acquiſitions, que de l'augmentation d'icelles à cauſe
des droicts depuis alienez Plus vn denier pour liure,
ſçauoir vn demy denier aux Greffiers & Maiſtres
Clercs des Bureaux des Treſoriers de France, & demy
denier aux Controlleurs des Actes & expeditions des
Greffes deſdits Bureaux, creez par l'Edict du mois de
Iuin 1627. des deniers impoſez en l'eſtéduë de la Generalité de leur eſtabliſſement Vn denier auſſi pour liure
aux Controlleurs des Actes & expeditions des Greffes
des Elections, outre les autres droicts attribuez par
leſdits Edicts, Arreſts & Reglemens ſur ce faits. Leſdits
droicts reuenans auſdits douze deniers pour liure attribuez auſdits Cómiſſaires triennaux des Tailles ſup-
primez, à prendre ſur le principal de la Taille, Taillon,
Solde du Preuoſt des Mareſchaux, Garniſons, droicts
alienez, frais d'aſſiete, & generalement ſur tout le contenu aux Rolles ordinaires & extrordinaires des Pa-
roiſſes, meſmes des impoſitions & leuées qui ſe feront
au commencement & courant de l'année pour les
Villes, Communautez ou particuliers, ſuiuant & ainſi
que plus au long il eſt contenu eſdites Lettres à ladite
Cour adreſſantes. Concluſions du Procureur General
du Roy, & tout conſideré: LA COVR du tres-expres

commandement du Roy , & par luy reïteré de fa bouche, a ordonné & ordonne que lefdites Lettres en forme d'Edict feront regiftrées au Greffe d'icelle , pour
eftre executées felon leur forme & teneur, à la charge
que les Controlleurs des Tailles , Controlleurs au regalement , Receueurs des menus droicts , Greffiers,
Maiftres Clercs , Controlleurs des Actes & Bureaux,
& ceux des Elections , iouïront des droicts à eux attribuez par ledit Edict , à proportion d'iceux , & fur le
pied que la Taille fera impofée & departie par fa Majefté : Et que lefdits Controlleurs au regalement des
Tailles, Receueurs des menus droicts, Greffiers, Maiu-
ftres Clercs , Controlleurs des Actes des Bureaux &
Elections , feront maintenus és droicts , priuileges &
exemptions cy-deuant attribuez, fuiuant les Edicts de
fadite Majefté bien & deuëmênt verifiez par la Cour.
Lefquels Proprietaires defdits Offices ne pourront
eftre depoffedez de leurfdits Offices, finon apres auoir
efté actuellement rembourfez tant du fort principal,
par eux payé és coffres du Roy, que frais & loyaux
coufts , fuiuant la liquidation qui en fera faite par les
Commiffaires qui à ce faire feront deputez par fa Majefté : Et que les procés & differents qui interuien-
dront en execution dudit Edict , feront iugez en pre-
miere inftance pardeuant les Eleus , & par appel en la
Cour. FAICT à Paris en la Cour des Aydes le dix-
feptiéme iour d'Aouft mil fix cens trente deux.
Signé, BOVCHIR.

Collationné aux Originaux par moy Confeiller
Secretaire du Roy & de fes Finances.